LES TROIS SULTANES

OU

SOLIMAN II

COMÉDIE EN TROIS ACTES, EN VERS

Représentée pour la première fois par les comédiens italiens ordinaires du Roi, le 9 avril 1761.

Reprise à la Comédie-Française, le 13 février 1908.

A LA MÊME LIBRAIRIE

Répertoire de la Comédie-Française.

Arlequin poli par l'amour, comédie-féerie en un acte. par Marivaux, remaniée par M. Jules Truffier. 1 50
Blanchette, pièce en trois actes, par M. Brieux. . . . . . . 2 »
Les corbeaux, comédie en quatre actes, par H. Becque . . 2 »
Crispin médecin, comédie en un acte d'Hauteroche, remaniée par M. Jules Truffier 1 50
Les deux ménages, comédie en trois actes, par Picard, Wafflard et Fulgence 1 50
Les deux Palémon, comédie en un acte, par M. Jules Truffier 1 50
Le dîner de Pierrot, comédie en un acte, en vers, par M. Bertrand Millanvoye 1 50
Les honnêtes femmes, comédie en un acte, par M. Henry Becque 1 50
L'Impromptu de Versailles, comédie en un acte par Molière. . . . . 1 »
Esope à la cour, (de Boursault), comédie en vers réduite en un acte par M. Jules Truffier. 1 50
Fleurs d'Avril, comédie en un acte, en vers, par MM. G. Vicaire et J. Truffier 1 50
Le Mercure galant, comédie en quatre actes, par Boursault 1 50
La mère confidente, comédie en trois actes de Marivaux, notice de M. Jules Truffier. 1 50
La Petite amie, pièce en quatre actes, par M. Brieux. . . . 2 »
Les Petites marques, comédie en deux actes, par M. Maurice Boniface . . . . 2 »

FAVART

LES TROIS SULTANES

OU

SOLIMAN II

COMÉDIE EN TROIS ACTES, EN VERS

— *Nouvelle édition conforme à la représentation* —

PARIS. — Ier

P.-V. STOCK, ÉDITEUR

(Ancienne Librairie TRESSE & STOCK)

155, RUE SAINT-HONORÉ, (près *la Civette*)

Devant le Théâtre-Français

1908

PERSONNAGES

		1908
SOLIMAN II, surnommé le MAGNIFIQUE, empereur des Turcs....	MM.	ALBERT LAMBERT fils.
OSMIN, kislar-aga, ou chef des eunuques....................		G. BERR.
UN MUET......................		LAFON.
ROXELANE, Française...........	Mlles	MARIE LECOMTE.
ELMIRE, Espagnole..............		DELVAIR.
DÉLIA, Circassienne..............		LIFRAUD.

EUNUQUES NOIRS.

BOSTANGIS.

MUETS, et autres esclaves du sérail.

La scène est à Constantinople, dans le sérail du Grand Seigneur.

Pour la mise en scène plus détaillée s'adresser à M. BALCOURT, à la *Comédie-Française*.

LES TROIS SULTANES

OU

SOLIMAN II

ACTE PREMIER

Le théâtre représente une salle des appartements intérieurs du sérail, ornée de tapis, de cassolettes, de sofas, et autres meubles, selon la coutume des Turcs. Il y a un sofa garni de carreaux, placé sur l'avant-scène, à droite des acteurs.

SCÈNE PREMIÈRE

SOLIMAN, OSMIN.

Soliman entre d'un air triste, et se promène à grands pas sur le théâtre. Osmin le suit à quelque distance.

OSMIN.

Très gracieux sultan, votre esclave fidèle
Attend vos ordres... Mot... Seigneur.. je parle en vain.
Seigneur ?

SOLIMAN.

Dis-moi, mon cher Osmin :
Depuis qu'à tes soins, à ton zèle,
J'ai confié la garde du sérail,
Et le gouvernement des femmes...

OSMIN.

Parbleu! c'est un rude travail.

SOLIMAN, continuant.

Entre mille beautés, ces délices des âmes,
En as-tu vue, Osmin, dont les attraits
Égalent ceux d'Elmire?

OSMIN.

Oh! non, seigneur, jamais :
Et puisque vous l'aimez...

SOLIMAN.

Ah! dis que je l'adore.
Que je suis malheureux!

OSMIN.

Fort bien!
Allez, allez, seigneur; il est encore
Un état pire : c'est le mien.

SOLIMAN.

Elmire part, cette Elmire charmante,
Tout à la fois si fière et si touchante;
Elmire, mon tourment et mon souverain bien,
Elle va me quitter. Toujours je me rappelle
L'instant qui l'offrit à mes yeux;
Glacée entre vos bras d'une frayeur mortelle,
Elle s'évanouit : ô dieux! qu'elle était belle!
En reprenant la vie, elle leva sur moi
De grands yeux bleus, qu'embellissaient les larmes.
Remise enfin de son premier effroi,
Et moi tout occupé du plaisir enchanteur
De faire succéder l'amour à ses alarmes,
Je me flattais d'être aisément vainqueur
D'une âme sensible au malheur.

Je m'abusais, Osmin; enivré de ses charmes,
Je ne fus plus son maître. Hélas! dès ce moment
J'oubliai mon pouvoir, je devins son amant,
Son esclave. Cessez, lui dis-je, de vous plaindre,
Je ne suis pas un tyran odieux;
A vivre sous mes lois je n'ose vous contraindre;
Mais, un mois seulement, demeurez en ces lieux;
Et je vous promets, belle Elmire,
Que vous serez rendue ensuite à vos parents,
Si mes soupirs vous sont indifférents.
Je l'ai juré, le terme expire,
Que vais-je devenir?

OSMIN.

Elle attendra plus tard.
Seigneur, si je lis dans son âme,
Autant que vous, elle craint son départ.

SOLIMAN.

Sur quoi le juges-tu?

OSMIN.

Mais sur ce qu'elle est femme,
Et qu'on n'a pas tous les jours aisément
Un empereur turc pour amant.
Elmire est Espagnole : elle est fière, mais tendre;
Et son cœur, en secret, ne cherche qu'à se rendre.

SOLIMAN.

Tu lui fais tort!

OSMIN.

Eh! non, non, sûrement.
Chaque matin, à sa toilette,
Elmire vous reçoit.

SOLIMAN.

Oui, mais si froidement!

OSMIN.

Pour mieux vous attirer : manège de coquette ;
Et je fonde mon sentiment
Sur des distractions avec art ménagées,
Des négligences arrangées,
Un hasard préparé, qu'on place heureusement,
Et de petites maladresses
Faites le plus adroitement.
Tantôt de ses cheveux on rassemble les tresses,
Pour couronner son front d'un nouvel ornement ;
On veut les arranger soi-même.
Moi, désintéressé, je sens le stratagème ;
Un fidèle miroir réfléchit à vos yeux
De deux bras potelés les contours gracieux.
Tantôt c'est un ruban qui coule :
Elmire veut le rattacher,
Et d'un soulier mignon fait voir le joli moule :
Alors, comme il faut se pencher,
Dans l'attitude un peignoir s'ouvre :
Elle s'en aperçoit, et sa vivacité
Le tire brusquement, pour cacher d'un côté
Ce que de l'autre elle découvre.
Dans ce désordre, Elmire en rougissant
Lève des yeux où la pudeur confuse
Semble demander qu'on l'excuse,
Mais où l'on peut voir cependant
Bien moins d'embarras que de ruse.
Une autre fois, sa maladroite main,
Qui veut assujettir un habit du matin,
Se fait une piqûre : on jette
Au loin l'épingle : aïe ! aïe ! on fait un petit cri,
Dont le sultan est attendri ;
Et tandis qu'on en cherche une autre à la toilette,
On vous laisse le temps de fixer un regard,

A travers le tissu d'une gaze assez claire,
Sur une taille élégante et légère,
Qui s'arrondit sans le secours de l'art.

SOLIMAN.

Arrête, Osmin; apprends à mieux connaître
Un objet respectable, adoré de ton maître.

OSMIN.

Eh bien! j'ai tort, je connais mon erreur :
Vous n'êtes point aimé, seigneur,
Puisque vous ne voulez pas l'être.

SOLIMAN.

Moi! je ne le veux point ?...

OSMIN.

Mais non : c'est un malheur
Qui vous est attaché sans doute ;
Vous n'estimez un bien que par ce qu'il vous coûte.
Qu'une jeune beauté cède enfin à vos vœux,
Vous vous en détachez : qu'elle vous soit sévère,
Vous gémissez, cela vous désespère :
On ne sait trop comment vous rendre heureux.

SOLIMAN.

Il est vrai que mon caractère
Me rend à plaindre.

OSMIN.

Je le vois ;
Mais hâtez-vous, seigneur, de faire un choix,
Pour rétablir la paix entre cinq cents rivales ;
Car toutes briguent à la fois
L'emploi de favorite ; et ce sont des cabales,
Des trames, des caquets : enfin, c'est un sabbat !...

SOLIMAN.

Elmire seule est digne de me plaire.

OSMIN.

Eh bien! soyez moins délicat :
Gardez-la donc, puisqu'elle vous est chère,
Et renvoyez plutôt, seigneur,
Ce nombre superflu d'inutiles femelles,
Que cent de mes pareils, moins nécessaires qu'elles,
Désolent par devoir, ou plutôt par humeur.
Avec des intérêts si différents des vôtres,
Dans ce chaos de volontés,
Ce conflit d'inutilités,
Quand on ne sait tirer parti les uns des autres,
On se hait, se déteste; effet très naturel :
C'est le besoin commun et mutuel
Qui sert de base à la concorde.

SOLIMAN.

C'est ton affaire; et je veux qu'on s'accorde.

OSMIN.

Ma foi, j'aimerais mieux quitter le gouvernail;
On ne vit plus dans le sérail.
Entre autres, nous avons une jeune Française,
Vive, étourdie, altière, et qui se rit de tout :
Elle vit sans contrainte, et n'est jamais plus aise
Que lorsqu'elle me pousse à bout.

SOLIMAN.

A ce portrait je la devine :
N'est-ce point Roxelane?

OSMIN.

Oui.

SOLIMAN.

Depuis plus d'un jour
Je l'étudie et l'examine :
C'est bien la plus drôle de mine.

OSMIN.

Son nez en l'air semble narguer l'Amour.

SOLIMAN.

Il faut la contenir.

OSMIN.

Oh! je perds patience.
Quand je la gronde, elle chante, elle danse,
Me contrefait, vous contrefait aussi.
C'est celle-là qui n'a point de souci,
Qui ne cherche point à vous plaire.

SOLIMAN.

Tu la verrais bientôt changer de caractère,
Si je la flattais d'un regard.
Laissons cela; les présents pour Elmire
Sont-ils prêts?

OSMIN.

Oui, seigneur. Puis-je ici l'introduire?

SOLIMAN.

Oui.

SCÈNE II

SOLIMAN.

Quel moment! quel funeste départ!
Je n'avais point encore éprouvé ce martyre.
Hélas! faut-il que je soupire
Pour un objet que je perds sans retour?
Elle vient...

SCÈNE III

SOLIMAN, ELMIRE, OSMIN, et plusieurs esclaves chargés de présents qui se tiennent dans le fond du théâtre.

SOLIMAN, à Elmire.

Ah ! je sais ce que vous m'allez dire :
Partez, n'écoutez point la voix de mon amour.
Je vous ai retenue un mois en ce séjour,
Pour vous accoutumer à commander vous-même ;
Vous aviez, comme moi, l'autorité suprême.
Loin d'imposer un joug à votre liberté,
J'ai reconnu l'abus d'une loi tyrannique :
Si les mortels ont droit au pouvoir despotique,
Il n'appartient qu'à la beauté.

ELMIRE.

Seigneur, votre âme généreuse
Me procure un plaisir bien doux :
C'est de vous estimer, c'est d'admirer en vous
La bonté, la douceur ; et j'étais trop heureuse.
Les vertus d'un sultan qui se fait adorer
L'emportent sur les droits qu'il tient de la couronne :
Les sentiments que l'on sait inspirer
Rendent plus absolu que les ordres qu'on donne.

SOLIMAN.

Et cependant Elmire m'abandonne !
Et ce jour va nous séparer !

ELMIRE.

Comment ! déjà le mois expire ?

SOLIMAN.

Que dites-vous ? Se pourrait-il, Elmire... ?

ELMIRE.

Je puis différer mon départ,
S'il vous cause, seigneur, une douleur si vive;
Et par égard je dois...

SOLIMAN.

Si ce n'est que l'égard,
Partez : de mon bonheur il faut que je me prive :
Le vôtre m'est plus cher, je dois le préférer.
Si c'était par amour... je cesse d'espérer
Allez revoir votre patrie,
Allez embrasser vos parents :
Vous devez en être chérie.

ELMIRE.

Souvent sur notre sort ils sont indifférents.
Leur amitié s'affaiblit avec l'âge;
Vous avez eu pour moi des soins plus généreux
Et l'on appartient davantage
A ceux qui nous rendent heureux.

SOLIMAN.

Mon exemple doit être une règle pour eux;
Vous leur direz combien vous m'étiez chère :
Ils verront ces présents, tribut d'un cœur sincère.
Montrant les présents que portent les esclaves.

ELMIRE.

Seigneur, je dois les refuser.

SOLIMAN.

Quoi! vous me feriez cet outrage!
Quoi! vous m'humiliez jusqu'à les mépriser!

ELMIRE.

Je n'emporte que votre image :
Vos traits, si ce n'est par l'amour,
Sont gravés dans mon cœur par la reconnaissance.

Je crois, en quittant ce séjour,
Abandonner les lieux de ma naissance.

Avec un sentiment joué.

Adieu donc, Soliman.

SOLIMAN.

Elmire... vous partez !
Elmire...

ELMIRE, à part.

Il s'attendrit ; courage !

SOLIMAN.

Et ces présents ne sont point acceptés ?
Recevez-les, du moins, comme le gage
De l'amour le plus pur et du plus tendre hommage.

ELMIRE.

Non, je n'accepterais des dons si précieux
Que pour m'en parer à vos yeux.

SOLIMAN.

Eh bien !... vainement je désire.
Vous êtes insensible aux peines que je sens ?...

ELMIRE, avec un trouble affecté.

Mais...

SOLIMAN.

Achevez... Eh bien ! partirez-vous, Elmire ?

ELMIRE.

Seigneur... j'accepte vos présents.

SOLIMAN.

Quoi ! mon bonheur...

ELMIRE.

Oui, c'est trop me contraindre.
Qui peut dissimuler n'aime que faiblement.
Tout le temps que l'on perd à feindre

Est un larcin qu'on fait à son amant
Oui, mon cœur fut à vous dès le premier moment.
Si l'on m'a vu verser des larmes,
La crainte de vous voir échapper à mes vœux
Excitait seule mes alarmes.

SOLIMAN, *d'un ton qui doit moins marquer sa satisfaction que son étonnement de voir Elmire céder si tôt.*

Ah ! je n'espérais pas être si tôt heureux.
A part.
Osmin me l'a bien dit.

ELMIRE, *vivement.*

Vous m'aimez, je vous aime :
Mon cœur se livre au plus ardent transport;
Je vais décommander moi-même
Les apprêts d'un départ qui m'eût causé la mort.
A part.
Enfin, enfin, j'ai la victoire.

Elle sort.

SCÈNE IV

SOLIMAN, OSMIN.

OSMIN.

Seigneur, je vous fais compliment :
Vous êtes, je le vois, dans un ravissement...

SOLIMAN.

Non, je n'aurais jamais pu croire.
Qu'elle eût cédé si promptement.

OSMIN.

Comment! depuis un mois qu'elle est à se défendre
Elle est, ma foi, l'unique, en pareil cas,
Dont le cœur ait tardé si longtemps à se rendre.

SOLIMAN.

Osmin, ne serait-elle pas
Plus ambitieuse que tendre ?
Je ne sais ; mais je n'ai point reconnu
Ce trouble intéressant, ce désordre ingénu,
Garant d'une flamme sincère.

OSMIN.

C'est se forger une chimère.

SOLIMAN

J'aurais voulu jouir de ce tendre embarras
Que par degré j'aurais fait naître,
Préparer mon bonheur, l'attendre, le connaître,
Combattre des refus, et vaincre pas à pas.
Je suis aimé d'Elmire, et tout obstacle cesse :
Ah ! que son cœur encor ne s'est-il déguisé ?
Ou véritable ou feinte, à présent sa tendresse
Ne m'offre qu'un triomphe aisé,
Qui n'a rien de piquant pour ma délicatesse.

OSMIN.

Nous y voilà. Peut-on vous résister longtemps ?
Pour un monarque est-il des cœurs rebelles ?
Dans ce pays surtout, il n'est point de cruelles :
On connaît le prix des instants.
Je vous l'ai déjà dit, toutes femmes sont femmes :
Croyons-en Mahomet, notre législateur ;
La nature prudente imprime dans leurs âmes
La complaisance, la douceur,
Eh ! pourquoi voulons-nous, injustes que nous sommes,
Exiger des efforts qui passent leur pouvoir ?
Tous ces êtres créés pour le bonheur des hommes
Sont tendres par état et faibles par devoir ;
Une résistance infinie
Violerait les lois de l'harmonie,

Détruirait les accords de la société :
Pour l'intérêt commun tout est bien ajusté.
Autant vaut Elmire qu'une autre :
Céder est son destin, triompher est le vôtre.

SOLIMAN.

Mon cœur se rend à ses attraits.
Mais quoi! ne verrai-je jamais
Que de ces femmes complaisantes,
De ces machines caressantes ?
Je dois me préparer encore à des langueurs,
A des louanges, des fadeurs,
Des ennuis où l'âme succombe.
Ah! si tu vois que je retombe
Dans cet état cruel où l'amour s'assoupit
Ne m'abandonne pas à moi-même.

OSMIN.

Il suffit
Mon art vous sera favorable.
Des danses, des chansons, les plaisirs de la table,
Pourront, dans ces moments, égayer votre esprit.

SCÈNE V

SOLIMAN, ELMIRE, OSMIN.

ELMIRE, rentrant.

Seigneur, tous vos présents passent mon espérance,
Quel art! quel gout exquis! quelle magnificence !
Heureuse si toujours parée
De ces gages de votre amour,
Elmire se voit chaque jour
A ses rivales préférée.
Tous mes sens, occupés de ce bonheur suprême...

SOLIMAN, l'interrompant.

Elmire...

ELMIRE.

Ah ! laissez-moi m'applaudir de mon choix.
Oui, c'est la vérité qui me prête sa voix.
Eh! qui mérite mieux d'être aimé que vous-même ?
Tant de vertus qu'en vous nous voyons éclater...

OSMIN, à part.

Continue.

SOLIMAN, avec un peu d'impatience.

Elmire, de grâce,
Ne cherchez point à me flatter.

ELMIRE.

La louange vous embarrasse :
La craindre, c'est la mériter;
Vous m'en êtes plus cher.

SOLIMAN.

Quoi! toujours insister!

OSMIN, s'apercevant que l'ennui commence à gagner le sultan.

Seigneur, voulez-vous une fête ?

SOLIMAN.

Oui, que pour ma sultane à l'instant on l'apprête.

ELMIRE.

Seigneur, épargnez-vous ce soin.
Une fête! en est-il besoin ?
L'amour se suffit à lui-même :
Lui seul doit remplir nos moments.
Solitaire au milieu des vains amusements,
On ne voit que l'objet qu'on aime;

Tous nos sens, tous nos goûts à lui sont enchaînés :
A tout autre plaisir l'âme est inaccessible.
Les spectacles, les jeux, ne sont imaginés
Que pour dédommager de n'être pas sensible.

SOLIMAN.

Les plaisirs sont plus vifs pour les amants heureux:
Leur félicité les augmente.
Les fêtes ne sont que pour eux :
Il n'en est point pour l'âme indifférente.

OSMIN.

C'est fort bien dit. Seigneur, si vous le trouvez bon,
Je vais faire danser vos esclaves.

ELMIRE.

Non, non.

OSMIN.

C'est moi qui les enseigne.

SOLIMAN.

Osmin, qu'on avertisse
Cette nouvelle cantatrice
Que j'ai dans mon sérail : on vante son talent.

OSMIN, sortant.

Je vais l'envoyer à l'instant.

SCÈNE VI

SOLIMAN, ELMIRE.

SOLIMAN.

Elmire, aimez-vous la musique ?

ELMIRE.

Mais... comme il vous plaira ; ne cherchez point mon goût :
Vous aimer, vous chérir, est mon plaisir unique ;
Et vous me tenez lieu de tout.
Si vous m'aimiez de même...

SOLIMAN.

Ah! c'est me faire injure.

ELMIRE.

Ne formeriez vous point, seigneur, d'autre désir.

SOLIMAN.

Elle vient. Si j'en crois ce que l'on m'en assure,
Oui, sa voix nous fera plaisir.

Il fait asseoir Elmire à côté de lui sur le sofa de l'avant-scène, et dit à Délia en la voyant entrer.

Placez-vous. (A Elmire.) Comment donc! elle a de la figure!

ELMIRE.

Mais... oui... Ses sourcils peints font ressortir ses traits;
Cependant elle perd quand on la voit de près.

SCÈNE VII

SOLIMAN, ELMIRE, DÉLIA.

Soliman et Elmire sont assis à la turque sur le sofa ; Délia avance timidement, s'arrête au milieu du théâtre, et met un genou à terre devant le sultan.

DÉLIA, au sultan.

A tes ordres, seigneur, Délia vient se rendre.
Osmin m'a dit que tu voulais m'entendre :
Je ne m'attendais pas à l'honneur sans pareil...

SOLIMAN, à Délia, froidement.

Levez-vous, et chantez.

DÉLIA, se levant.

Pardon, je suis tremblante.
L'aigle seul a le droit de fixer le soleil.
Que ton âme soit indulgente.

Elle chante.

Ariette.

Dans la paix et dans la guerre
Tu triomphes tour à tour;
Tu lances les traits de l'Amour,
Tu lances les feux du tonnerre.
Mars et Vénus te comblent de faveurs;
Et ta valeur, dans les champs de la gloire,
Remporte la victoire
Aussi rapidement que tu gagnes les cœurs.

SOLIMAN.

Par quel charme mon cœur se sent-il excité?
Sa voix me transporte et m'enchante.

ELMIRE.

Ce qui m'en plaît le mieux, c'est que ce qu'elle chante
Est conforme à la vérité.

A part, regardant Délia.

Mais je crois qu'elle prend un air de vanité.

SOLIMAN.

Elle a je ne sais quoi qui prévient et qui touche.

A Elmire, en lui prenant la main.

Je veux qu'elle s'attache à vous faire sa cour.

En regardant Délia.

Ah! que les sons flatteurs d'une si belle bouche
Doivent bien exprimer l'amour!

DÉLIA.

Je vais, si vous voulez, célébrer l'inconstance.

ELMIRE.

C'en est assez.

SOLIMAN, à Elmire.

Ayez la complaisance...
C'est un talent qu'il faut encourager.

ELMIRE, se contraignant.

Je me soumets.

SOLIMAN, à Délia.

Chantez : ce sera m'obliger.

ELMIRE, à part.

C'en est trop, je perds patience.

DÉLIA, chante. *

Ariette.

Jeunes amants, imitez le Zéphyr :
Il caresse l'œillet, l'anémone et la rose;
Jamais son vol ne repose;
Nouvel objet, nouveau désir.
De beautés en beautés, sans vous fixer pour une,
Comme lui, voltigez toujours;
Voltigez, et passez de la blonde à la brune :
Les belles sont les fleurs du jardin des Amours.

SOLIMAN, se levant.

Rien n'est plus parfait à mon gré :
Elle charme à la fois et le cœur et l'oreille.

---

* Pendant que Délia chante, Soliman bat la mesure dans la main d'Elmire. Elmire, qui s'aperçoit de l'attention du sultan pour Délia, retire sa main par un mouvement de jalousie.

A Elmire.

Qu'en pensez-vous?

ELMIRE, avec humeur.

Son chant est trop maniéré.

SOLIMAN.

Ah! vous avez raison : elle chante à merveille.

ELMIRE.

La réponse est très juste. Eh bien! écoutez-la!
De votre attention je crains de vous distraire.
Adieu, mon cher Seigneur.

Elle sort.

SCÈNE VIII

SOLIMAN, DÉLIA

SOLIMAN, qui ne voit, qui n'entend que Délia, ne s'aperçoit point qu'Elmire se retire.

O belle Délia!
Un cœur, comme il te plaît, change de caractère,
Sur tout ce que tu dis un charme se répand :
Tu chantes l'inconstance, on devient inconstant.
Mais je ne songe pas qu'Elmire...

DÉLIA, avec un petit air de satisfaction.

Elle est sortie avec un air piqué.

SOLIMAN.

Comment! je n'ai point remarqué...
C'est l'effet du plaisir que votre voix inspire.

SCÈNE IX

SOLIMAN, OSMIN, DÉLIA.

OSMIN, entrant.

Seigneur, on ne peut plus tenir
A l'indocilité de la petite esclave :
Permettez-moi de la punir.
Elle m'insulte, elle me brave,
Elle me fait des tours : oh! c'est, en vérité,
Un prodige d'espiégleries.
Je suis toujours l'objet de ses plaisanteries;
Elle pince en riant : méchante avec gaieté,
Elle badine avec la haine,
Et ne connaît nul égard, nulle gêne.
Je suis de ce sérail le premier officier,
Je représente ici la majesté suprême;
Et me désobéir, c'est manquer à vous-même.

SOLIMAN.

Ce caractère est singulier!

OSMIN.

Elle est d'une insolence extrême.

SOLIMAN.

Je veux la voir.

OSMIN, entrant.

J'étais dans mon appartement;
Je lui défends expressément
D'en sortir, sous peine exemplaire :
Elle me prend par le bras poliment,
Me chasse, rit de ma colère,
Et me suit pour goûter deux plaisirs à la fois :

Pour se plaindre de moi devant vous, et pour faire
Ce que je lui défends. Mais, seigneur, je la vois.

SCÈNE X

ROXELANE, SOLIMAN, OSMIN, DÉLIA.

ROXELANE, qui entre.

Ah! voici, grâce au ciel, une figure humaine.
Vous êtes donc ce sublime sultan
De qui je suis esclave? Eh bien! prenez la peine,
Mon cher seigneur, de chasser à l'instant
Montrant Osmin.
Cet oiseau de mauvais augure.

OSMIN.

Hem, le début est leste

ROXELANE.

Allons, allons, va-t'en
Délivre-nous de ta triste figure,
Sors.

SOLIMAN.

Roxelane, respectez
Le ministre des volontés
D'un maître à qui tout doit obéir en silence.

ROXELANE.

Ah, ah!

SOLIMAN.

Vous n'êtes pas en France
Ayez l'esprit plus liant et plus doux:
Et, croyez-moi, soumettez-vous :
On punit au sérail le caprice et l'audace.

ROXELANE.

Ce discours a fort bonne grâce.
Qu'un empereur turc est galant!
Prenez-vous ce ton-là pour être aimé des femmes?
Vous devez enchanter leurs âmes.
En vérité, c'est avoir du talent :
Mais, mais je vous trouve excellent.

Montrant Osmin.

Et de vos volontés voilà donc le ministre?
Respectons ce magot avec son air sinistre.
Aveuglément nous devons obéir :
Il a vraiment de brillants avantages.
Hom! si vous le payez pour vous faire haïr,
Il ne vous vole pas ses gages.
Un vrai monstre amphibie, un triste épouvantail;
Jaloux, non pas pour lui, qui sans cesse nous gronde;
Qui, pour nous désoler, nuit et jour fait sa ronde,
Et nous renferme ici comme dans un bercail.
Ah! comme il était en colère
Pour m'avoir vue hier seule dans vos bosquets!
Est-ce encor par votre ordre? Eh! quel mal peut-on fai
Nous est-il défendu d'y respirer le frais?
Avez-vous peur qu'il ne pleuve des hommes?
Et quand cela serait, voyez le grand malheur!
Le ciel, dans l'état où nous sommes,
Nous devrait ce miracle.

OSMIN.

Eh bien, eh bien! seigneur,
Qu'en dites-vous?

SOLIMAN, *à Osmin, considérant Roxelane.*

Quel jeu de physionomie!
Qu'elle a de feu dans le regard!

ROXELANE.

Comment! vous vous parlez à part?

Je vous avertis en amie
Qu'il n'est rien de plus impoli.
Oui, vous feriez mieux de m'entendre;
Je veux faire de vous un sultan accompli :
C'est un soin que je veux bien prendre.
Commencez, s'il vous plaît, par vous désabuser
Que vous ayez des droits pour nous tyranniser :
C'est précisément le contraire.
Les hommes ne sont faits que pour nous amuser.
Corrigez vous, cherchez à plaire;
Chez vous on s'ennuie à périr.
Au lieu d'avoir pour émissaire

Montrant Osmin.

Ce prétendu monsieur que je ne puis souffrir,
Prenez un officier jeune, bien fait, aimable,
Qui vienne les matins consulter nos désirs,
Et nous faire un plan agréable
De jeux, de fêtes, de plaisirs.
Pourquoi de cent barreaux vos fenêtres couvertes?
C'est de fleurs qu'il faut les garnir;
Que du sérail les portes soient ouvertes,
Et que le bonheur seul empêche d'en sortir.
Traitez vos esclaves en dames,
Soyez galant avec toutes les femmes,
Tendre avec une seule; et si vous méritez
Qu'on ait pour vous quelques bontés,
On vous en instruira. J'ai dit, je me retire :
C'est à vous de vous mieux conduire;
Voilà ma première leçon ;
Profitez; nous verrons si vous valez la peine
Qu'on vous en donne une autre.

OSMIN, à Soliman.

Bon.

Elle vous parle en souveraine.

SCÈNE XI

SOLIMAN, DÉLIA, OSMIN.

DÉLIA, à Soliman.

Vous plaît-il, auguste sultan,
D'écouter encore un air tendre ?

SOLIMAN, d'un ton sec.

Non, l'heure m'appelle au divan :
On vous fera savoir si je veux vous entendre.

DÉLIA, à part, en sortant.

Il a le ton bien imposant;
Il a besoin d'une leçon nouvelle.

OSMIN.

Seigneur, qu'ordonnez-vous d'une esclave rebelle?
Comment dois-je punir ce mépris insultant?

SOLIMAN, après un instant de réflexion.

C'est une enfant, une petite folle :
Il faut l'excuser.

Il sort.

OSMIN.

Cette enfant
Pourra bien envoyer le sultan à l'école.

Rideau.

ACTE DEUXIÈME

SCÈNE PREMIÈRE

Soliman entre, suivi de plusieurs esclaves, officiers de sa personne : l'un porte une petite table d'or carrée, haute de six à huit pouces, et large d'un pied et demi environ ; l'autre pose sur cette table un riche vase de porcelaine ; un troisième y place une soucoupe d'or garnie de pierreries, avec deux tasses de porcelaine et une cuiller faite avec le bec d'un oiseau des Indes très rare, lequel bec est plus rouge que le corail, et de très grand prix ; un quatrième esclave, après que Soliman s'est assis à la turque sur le sofa, lui présente à genoux une grande pipe allumée. Soliman fait un geste de la main, les esclaves se retirent.

SOLIMAN, fumant par intervalle.

Je ne sors point de mon étonnement :
Une esclave parler avec cette arrogance!
Il fume.
Elmire, Elmire, ah! quelle différence!
Que vous méritez bien tout mon attachement!
Osmin ne revient point; je meurs d'impatience.
Il fume.
Douceur de caractère, égards, respect, décence...
Et cette Roxelane...

2.

Il fume.

Oui, je suis curieux
De démêler au fond ce qu'elle pense :
C'est la première fois que l'on voit en ces lieux
Le caprice et l'indépendance.
Nous allons voir ce qu'elle me dira.

Il fume.

Mais il faut s'amuser de son extravagance.
Osmin ne revient point.

Il fume.

A la fin le voilà.

SCENE II

SOLIMAN, OSMIN.

SOLIMAN.

Eh bien ?

OSMIN.

Seigneur, j'ai fait votre message.

SOLIMAN.

Que t'a-t-on répondu ?

OSMIN.

Seigneur, sur un sofa
Roxelane dormait...

SOLIMAN.

Parle sans verbiage.
Au fait : le sofa n'y fait rien.

OSMIN.

Aussitôt on l'éveille; elle me voit.

SOLIMAN.

Eh bien ?

OSMIN.

Que nous demande ce vieux singe,
Ce marabou coiffé de linge ?
Dit-elle en se frottant les yeux.
A ce compliment gracieux
Je réponds : Trésor de lumière,
Je viens, de la part du sultan,
De vos pieds baiser la poussière,
Et vous dire qu'il vous attend
Pour prendre du sorbet avec lui...

SOLIMAN, *vivement.*

Viendra-t-elle ?

OSMIN.

Va dire à ton sultan, réplique cette belle,
Que je ne prends point de sorbet,
Et que mes pieds n'ont point de poussière.

SOLIMAN.

En effet...
Tu t'y prends toujours mal ; tu pouvais bien attendre...
Osmin, on lui doit des égards.

OSMIN.

Elle en a tant pour nous!

SOLIMAN.

Oui, malgré ses écarts,
Il est certains devoirs qu'à son sexe il faut rendre.
Elle est excusable.

OSMIN, *avec ménagement.*

A vos yeux.

SOLIMAN.

Sa vivacité, sa jeunesse...

OSMIN.

Vous prenez sa défense, elle vous intéresse.
Et cette belle esclave, au gosier merveilleux,
De la part du sultan n'ai-je rien à lui dire?

SOLIMAN.

A Délia? Non, rien.

OSMIN.

Et votre tendre Elmire?...

SOLIMAN.

Elmire! Ah! je l'aime toujours.
Mais va trouver Roxelane; va, cours...
Qui peut lever cette portière * ?

SCÈNE III

SOLIMAN, ROXELANE, OSMIN.

ROXELANE, lestement.

C'est moi.

SOLIMAN.

Vous êtes la première...

A part.

Mais elle ne sait pas les devoirs imposés.

A Roxelane.

Passons. Roxelane, excusez;

* Les appartements intérieurs du sérail n'ont point de portes fermantes, mais de riches portières de drap d'or, ou d'autres étoffes précieuses. Des eunuques noirs sont de garde nuit et jour à l'entrée en dehors, prêts à exécuter au moindre signal les ordres du Grand Seigneur ou du kislaraga. Les femmes n'ont point la permission de se présenter devant Sa Hautesse sans être annoncées.

Je suis fâché qu'on ait eu l'imprudence
D'interrompre votre sommeil.

ROXELANE.

Je m'attends tous les jours à quelque trait pareil.
Ces Turcs sont si polis!

OSMIN, à part.

Voyez l'impertinence...

ROXELANE, à Soliman, qui continue de fumer.

Mais voudriez-vous bien avoir la complaisance... ?

SOLIMAN, qui s'imagine que Roxelane lui demande sa pipe pour fumer, la lui présente.

Très volontiers; tenez.

Roxelane prend la pipe, et la jette au fond du théâtre.

OSMIN.

Quel attentat!

SOLIMAN, se levant avec courroux.

Comment! après un tel éclat...

OSMIN, saisi d'indignation, passe du côté de Soliman.

Qu'ordonnez-vous, seigneur?

SOLIMAN, à Osmin d'un ton foudroyant.

Silence!

Osmin se retire étonné.

Roxelane...

ROXELANE, tranquillement.

Fi donc! mais cela n'est pas beau.
Comment! comment! devant des femmes...
Vous qui faites la cour aux dames!
En vérité...

SOLIMAN.

Tout cela m'est nouveau.

A Roxelane.

Qu'elle est folle! Écoutez, Roxelane.

ROXELANE.

J'écoute.

SOLIMAN.

En France l'on agit sans doute
Aussi légèrement ?

ROXELANE.

A peu près.

SOLIMAN.

Par bonté,
Je veux bien excuser votre vivacité ;
A l'avenir, soyez plus circonspecte.
J'oublie entièrement ce que vous m'avez dit.

ROXELANE.

Vous l'oubliez ? Tant pis.

SOLIMAN.

Il faut qu'on me respecte.

ROXELANE.

Tant pis encor.

SOLIMAN.

Comment !

ROXELANE.

Sans contredit :
Vous y perdrez, vous y perdrez, vous dis-je.
Eh ! comment voulez-vous, monsieur, qu'on vous corrige !

SOLIMAN.

Me corriger ? De quoi donc, s'il vous plaît ?

ROXELANE.

De quoi ? de quoi ? Ces sultans me font rire ;
Ils pensent que sur eux nous n'avons rien à dire.
Je prends à vous quelque intérêt ;
Croyez-moi, bannissons la gêne.

L'amitié me conduit; quand ce serait la haine,
Vous pourriez y gagner encor :
La haine est franche, elle vaut un trésor ;
Nous devons lui prêter l'oreille.
Un ami par pitié faiblement nous conseille :
Notre ennemi connaît tous nos défauts:
D'une gloire usurpée il distingue le faux :
L'amitié dort, la haine veille;
Consultez-la, vous qui voulez régner.
L'orgueil nous trompe ; eh! faut-il l'épargner?
Non...

SOLIMAN, à part.

Cette femme est étonnante.

à Roxelane fièrement.

Brisons là.

ROXELANE, respectueusement.

Soit, ce serait vous fâcher.
Ce n'est pas mon dessein.

SOLIMAN.

Soyez donc plus prudente.

ROXELANE.

La franchise, il est vrai, doit vous effaroucher ;
Vos oreilles n'y sont pas faites.

SOLIMAN.

Encor! Vous oubliez qui je suis, qui vous êtes.

ROXELANE.

Qui vous êtes, et qui je suis?
Vous êtes grand seigneur, et moi je suis jolie :
On peut aller de pair.

SOLIMAN.

Oui, dans votre patrie.

ROXELANE.

Ah! que n'y suis-je encor! Quels dégoûts! quels ennuis!
Vous faites bien sentir quelle est la différence
De ce maudit pays au mien.
Point d'esclaves chez nous; on ne respire en France
Que les plaisirs, la liberté, l'aisance.
Tout citoyen est roi, sous un roi citoyen.

SOLIMAN.

A ce que je puis voir, vous seriez enchantée
Si vous pouviez vous séparer de moi.

ROXELANE.

Assurément; je suis de bonne foi.

SOLIMAN.

Mais si par les plaisirs vous étiez arrêtée?
Si l'on faisait votre bonheur?

ROXELANE.

En quoi?

SOLIMAN.

Vous ne seriez donc pas tentée
De plaire à Soliman, d'obtenir sa faveur?

ROXELANE.

Non.

SOLIMAN.

Vous dites cela d'un cœur!...

ROXELANE.

Je le dis comme je le pense.

SOLIMAN.

Cependant j'ai quelque espérance...

ROXELANE.

Détrompez-vous, c'est une erreur.

SOLIMAN.

Vous ne me rendez pas justice.
Quoi ! jamais...

ROXELANE, minaudant.

Oh !... jamais !... Je ne jure de rien.
Une fantaisie, un caprice
Peut décider de tout.

SOLIMAN.

Eh bien !
J'attends tout du caprice et de la fantaisie.
Vous soupez avec moi.

ROXELANE.

Je n'en ai nulle envie.

SOLIMAN.

Je pense que c'est un honneur ;
Vous devriez...

ROXELANE.

Je devrais ! Eh ! seigneur,
Vous devriez plutôt vous-même vous défaire
Des mots humiliants d'honneur et de devoir,
Qui font sentir votre pouvoir,
Sans vous donner le mérite de plaire.

SOLIMAN.

Allons, je le veux bien.

ROXELANE.

C'est agir sensément :
En ce cas, laissez-vous conduire ;
Vous promettez, et je veux vous instruire.
Çà, faisons un arrangement :
Un souper tire à conséquence,
Et vous n'êtes pas mon amant :
Nous n'en sommes pas là. Pour faire connaissance,
C'est moi qui vous donne à dîner.

SOLIMAN.

Très volontiers. Osmin!

SCÈNE IV

SOLIMAN, ROXELANE, OSMIN.

ROXELANE.

C'est à moi d'ordonner.

A Osmin.

Osmin, fais avertir l'intendant des cuisines *
Que je traite ici le sultan.
Que la chère soit des plus fines,
Et que l'on nous serve à l'instant.
Vole...

Osmin se tourne avec étonnement du côté de Soliman, pour savoir son intention.

SOLIMAN.

Obéis à Roxelane.

Osmin sort.

SCÈNE V

ROXELANE, SOLIMAN.

ROXELANE.

N'avez-vous point quelque aimable sultane
Qui puisse exciter l'enjouement?
Tenez, il faut qu'Elmire vienne :
Vous l'aimez, m'a-t-on dit, assez passablement.

---

* Le mout-pak-émini, intendant des cuisines du Grand Seigneur. Il a treize cents personnes sous ses ordres.

SOLIMAN.

Oui... mais...

ROXELANE.

Et Délia, cette Circassienne,
Dont le gosier vous cause un doux ravissement ?
Il faudrait l'inviter.

SOLIMAN.

Il n'est pas nécessaire :
Nous serons seuls.

ROXELANE.

Oui-dà !

SOLIMAN.

J'y compte.

ROXELANE.

Laissez faire,
J'arrangerai tout cela joliment.

SCÈNE VI

SOLIMAN, ROXELANE, OSMIN.

OSMIN, à Roxelane.

Vos ordres sont donnés.

SOLIMAN, tire Osmin à part, et lui dit tout bas :

Osmin, va chez Elmire,
Va rassurer son cœur; promets-lui que ce soir...

ROXELANE.

Que dites-vous ?

SOLIMAN, à Roxelane.

Rien, rien. (A Osmin.) J'irai la voir.

ROXELANE.

Quels secrets avez-vous à dire ?

SOLIMAN, à Osmin.

Pars.

ROXELANE.

Laissez-le moi, s'il vous plaît ;
J'en ai besoin.

SOLIMAN, à Osmin.

Demeure.

ROXELANE, à Osmin.

Et suis comme un arrêt
Tout ce que je vais te prescrire.

A Soliman.

Et vous, allez vaquer aux soins de votre empire.
Vous reviendrez lorsque tout sera prêt.

SOLIMAN, à part.

Non, je n'ai rien vu de ma vie
De si plaisant. Contentons son envie,
Je veux m'en donner le plaisir.

Il sort en faisant une inclination à Roxelane, qui lui rend son salut avec une dignité comique.

SCÈNE VII

ROXELANE, OSMIN

OSMIN, à part, pendant que Roxelane reconduit le Grand Seigneur.

Soliman veut se divertir,
C'est un moment de fantaisie.

Puisqu'elle prend faveur, faisons-lui notre cour :
Son ascendant pourrait nous nuire ;
Quitte, après tout, pour la détruire
Dès que nous y trouverons jour.

A Roxelane.

Enfin, vous triomphez.

ROXELANE.

Eh ! quoi! cela t'étonne ?...

OSMIN.

Oh! point du tout ; vous méritez très fort
La préférence qu'on vous donne.
Chacun doit en tomber d'accord :
Quand on a votre esprit, quand on est aussi belle...

ROXELANE, riant.

Tout de bon ?

OSMIN.

Croyez-en un esclave fidèle
Qui vous est attaché ; comptez qu'il n'en est point
De plus vrai, de plus...

ROXELANE.

Oui, oui, je sais à quel point
Je dois me fier à ton zèle.
Je vous connais, messieurs les courtisans.
Va, va, porte ailleurs ton encens :
Je vois ton cœur à travers ton visage :
Tu veux sacrifier à l'idole du jour.
Ces thermomètres de la cour
Ont cependant quelque avantage :
Ils marquent à coup sûr les changements de temps,
Le froid, le chaud, et le calme, et l'orage,
Tantôt haut, tantôt bas, suivant les accidents ;
Il ne sont bons qu'à cet usage.

OSMIN *, à part.

Elle me connaît trop, je saurais l'écraser.

Haut.

Non, je ne sais point déguiser :
En vérité, je suis plus que personne...

ROXELANE.

Voici l'ordre que je te donne,
Suis-le sans rien examiner.
Passe chez Délia, de là, va chez Elmire :
Dis-leur que Soliman les attend à dîner.
Mais ne t'avise pas de dire
Que tu viens de ma part : ta tête m'en répond ;
Que le sultan même l'ignore.

OSMIN, à part.

Par la barbe d'Ali ! tout cela me confond.

ROXELANE.

Comment ! tu ne pars pas encore !
Dépêche, et garde-toi surtout de me trahir.

---

* Huit esclaves noirs entrent, et font, pendant le reste de cette scène, tous les apprêts d'un dîner à la turque : ils étendent un tapis, ensuite un grand rond de maroquin, qu'ils couvrent d'une nappe de toile des Indes à fleurs, sur laquelle ils posent une table ronde d'argent massif, haute d'un pied et demi et de quatre pieds de diamètre, avec le rebord de deux doigts. Ils rangent alentour quatre grands carreaux et ornés de réseaux et de glands d'or. Tout cela s'exécute avec promptitude, et dans le silence profond que l'on observe au sérail.

SCÈNE VIII

ROXELANE et LES ESCLAVES.

ROXELANE.

Oh ! je ne veux point qu'on s'endorme
Quand il s'agit de m'obéir.
Je veux dans ce sérail établir la réforme.

Apercevant les esclaves.

Qu'est-ce que je vois là ? des carreaux, un tapis.
Allons, allons, ôtez cet étalage.

Elle donne du pied dans les carreaux.

Un dîner à la turque ! oh ! le plaisant usage !
Vous autres, vous mangez sur la terre accroupis
Comme des sapajoux. Un table, des chaises :
Suivez les coutumes françaises.

Les esclaves marquent leur étonnement par leurs gestes.

Eh bien ! ils sont tout étourdis.
Que l'on baisse ces jalousies,
Qu'on défende l'entrée au jour,
Et que nous dînions aux bougies :
Leur éclat nous suffit, il répand alentour
Ce demi-jour si doux qui convient à l'amour.
J'oubliais la meilleure chose :
Il nous faut du vin, songez-y.

Les esclaves paraissent scandalisés. Ils font entendre par signe qu'il n'y a point de vin dans le sérail.

Comment ! ils ont horreur de ce que je propose !
Hem ? quoi ? plaît-il ? on n'en a point ici ?
Que l'on aille chez le mufti *,

---

* Le mufti est le souverain pontife de la loi mahométane. Il affecte une grande simplicité et la régularité la plus exacte.

On en trouvera, j'en suis sûre.
C'est un esprit juste, un cœur droit,
Qui saisit tout le vin : c'est par là qu'il s'assure
Qu'aucun vrai musulman n'en boit.
Il nous en donnera du grec et du Champagne,
Tout ce que nous voudrons.

SCÈNE IX

OSMIN, ROXELANE.

OSMIN.

Étoile du sérail,
Vous êtes obéie; Elmire m'accompagne.

ROXELANE, à part.

Fort bien. Je vais songer moi-même à ce détail.

A Osmin.

Je reviens à l'instant.

SCÈNE X

ELMIRE, OSMIN.

ELMIRE.

Osmin, quelle est ma joie!
Il est donc vrai que Soliman t'envoie?
Ah! je croyais que Délia...

OSMIN.

Bon, bon! rassurez-vous : ces virtuoses-là,
Tant pour le chant que pour la danse,

Il condamne l'usage du vin, et cependant en boit comme d'autres, en secret.

Quelquefois au sérail ont une préférence
Qui ne dure pas plus longtemps
Qu'un entrechat, une cadence.
Il n'en est pas de même chez les Francs,
A ce que l'on dit.

ELMIRE.

Non : elles ont un empire
Qui, bien souvent, mène au délire.
Par un aveuglement qu'on ne peut excuser,
A leur art léger et frivole,
Devoir, fortune, honneur, il n'est rien qu'on n'immole.
Le premier des talents est celui d'amuser.
J'avais tout lieu de craindre.

OSMIN.

Eh ! non, non ; Sa Hautesse
Ne s'est point prise à ses faibles appas.

SCÈNE XI

ELMIRE, ROXELANE, OSMIN.

Roxelane s'aperçoit qu'Elmire et Osmin se parlent en confidence ; elle s'approche doucement, se met derrière eux sur le sofa de l'avant-scène, et les écoute.

OSMIN, continuant, sans voir Roxelane.

Mais un danger d'une autre espèce
Vous menace peut-être.

ELMIRE.

Hélas !
Achève, Osmin.

OSMIN, sans voir Roxelane.

C'est Roxelane.

ELMIRE.

Cette petite esclave ? Ah! je ne le crois pas.
Le beau sujet pour faire une sultane!

OSMIN.

Elle serait peu de mon goût.

ELMIRE.

Un air vif, étourdi, décidé.

OSMIN.

Voilà tout.
Soliman vous rend bien justice;
Mais je crains l'effet du caprice.

ELMIRE.

Comment le prévenir ? Osmin,
Daigne recevoir cet écrin,
Et sers-moi.

OSMIN, prenant l'écrin et le mettant dans son sein.

De grand cœur, sans rien faire paraître.

ELMIRE.

Intendant des plaisirs, tu règnes sur ton maître.
Il ne voit rien que par tes yeux,
Il n'entend que par tes oreilles :
Tu le guides, tu le conseilles,
Tu décides son choix, tu peux tout en ces lieux.
J'aurais trop à rougir de me voir des égales.
Osmin, mon cher Osmin, mon sort dépend de toi.
En toute occasion rabaisse mes rivales :
N'épargne aucun moyen, et dis du bien de moi.

ROXELANE, haut.

Fort bien.

OSMIN, à part, apercevant Roxelane.

Je suis perdu.

Bas à Roxelane.

Vous me croyez un traître :
En effet, j'en suis un pour vous servir.

ROXELANE, se lève, et présente une bague à Osmin, qui la reçoit ; et elle dit, en parodiant Elmire :

Osmin,
Reçois ce bijou de ma main.
O toi qui règnes sur ton maître,
Osmin, mon cher Osmin, mon sort dépend de toi.
J'aurais trop à rougir si j'avais des rivales :
En toute occasion vante lui mes égales;
Ne me ménage pas, et dis du mal de moi.

ELMIRE.

Cette froide plaisanterie
Vous sied très mal, je vous en avertis.
Oui, Soliman m'est plus cher que la vie :
Je veux avoir son cœur; il n'importe à quel prix.

OSMIN.

L'émulation est louable
Je vous laisse entre vous disputer cet honneur.

A Elmire, bas. — A Roxelane.

Comptez sur moi. Je vous suis favorable.

ROXELANE, avec un sourire moqueur:

Va, je n'ai pas besoin de ta faveur,
Et tu peux protéger Elmire :
Je le permets.

ELMIRE.

Ce fier sourire
Nous décèle un orgueil qu'on pourrait réprimer.

ROXELANE.

C'est douter du succès que de vous alarmer.

OSMIN, à part.

Courage; allons, j'aime assez les querelles,
C'est un revenant bon pour moi :
Le casuel de mon emploi
C'est la discorde entre les belles.

Il sort. — Pendant cet aparté d'Osmin, Elmire mesure des yeux Roxelane, d'un air fier et dédaigneux.

SCÈNE XII

ROXELANE, ELMIRE.

ROXELANE.

Eh bien ? comment suis-je à vos yeux?

ELMIRE.

Comme un objet qui doit m'être odieux;
Je ne le cache point.

ROXELANE, d'un air ouvert.

Venez, ma chère amie :
Embrassez-moi : gardez votre sultan.
Vous croyez que je m'en soucie ;
Mais point du tout : allons, débarrassez-nous-en ;
Et de grand cœur je vous en remercie.
Qui peut donc encor vous troubler ?

ELMIRE.

Roxelane, nous sommes femmes.
Ce n'est pas entre nous qu'il faut dissimuler :
Et nous nous connaissons. Je m'attends à vos trames.

ROXELANE.

Eh bien! vous me jugez très mal.
Je resterai toujours esclave, s'il faut l'être;
Mais mon amant ne sera point mon maître :
Je n'aimerai jamais que mon égal.
Si vous avez moins de délicatesse,
Je vous cède mes droits; usez de votre adresse
Pour réussir dans vos amours.

ELMIRE.

Je n'emploierais que ma tendresse.

ROXELANE.

Et des écrins... Abrégeons ces discours.
Pour vous prouver comme je pense,
Apprenez que c'est moi qui vous prie à dîner
Avec votre sultan : voyez ma complaisance.
Profitez des moyens que je veux vous donner;
Tâchez que pour vous seule il soit tendre et fidèle.

A la cantonade, en élevant la voix.

Holà ! faites venir ici le Grand Seigneur.

ELMIRE, *à part.*

Peut-elle me tromper ? J'aurai les yeux sur elle.

A Roxelane.

Si vous ne cherchez point à troubler mon bonheur,
Comptez sur l'amitié, sur la reconnaissance...

ROXELANE.

Taisons-nous ; voici Délia :
Je l'ai fait inviter aussi.

ELMIRE.

Quelle imprudence !

ROXELANE.

Bon ! bon ! la craignez-vous ? On s'en amusera.

SCÈNE XIII

ROXELANE, ELMIRE, DÉLIA.

ROXELANE, à Délia.

Venez sur l'horizon, astre de Circassie :
Aux yeux de Soliman, ce soleil de l'Asie,
Étalez vos brillants appas;

A Elmire.

Il va paraître. Elmire, je vous prie,
Il faut égayer le repas.
Point de flegme espagnol : vive l'étourderie !
Le sentiment est beau, mais il n'amuse pas.
Qu'en pense Délia ?

DÉLIA,

Qu'on doit devant son maître
Rester toujours dans la soumission,
Le silence, l'attention.
La nature a borné notre être.
Pour un amant le ciel nous a fait naître :
Qu'il soit sujet ou souverain,
Il a les mêmes droits ; enfin nous devons être
Par l'arrêt de notre destin,
Esclaves.

ELMIRE.

Compagnes.

ROXELANE.

Maîtresses.

DÉLIA.

Les hommes ont l'empire.

ROXELANE.

Il faut leur commander.

ELMIRE.

Quels sont nos titres ?

ROXELANE.

Leurs faiblesses.

DÉLIA.

Encor plus faibles qu'eux, nous devons leur céder.

ELMIRE.

Ne leur disputons rien : n'ont-ils pas en partage
La valeur, le courage,
Les sciences, les arts ?

ROXELANE.

Pourquoi s'en alarmer ?
Nous en savons plus qu'eux, mille fois davantage.

DÉLIA.

Et que savons-nous ?

ROXELANE.

Les charmer.

ELMIRE.

C'est présumer beaucoup.

ROXELANE.

Selon ma fantaisie
Laissez-moi gouverner le vainqueur de l'Asie
Quelques jours seulement : je vous le rends après
Aussi complaisant qu'un Français,
Et l'amène à vos pieds... à vos pieds, j'en suis sûre ;
Ce sera sans beaucoup d'efforts.
Je veux ici venger l'honneur du corps.

ELMIRE, à part.

Son insolence me rassure ;
Elle en sera punie, et je ne crains plus rien.

ROXELANE.

Sa Hautesse paraît; cessons notre entretien.

A la cantonade.

Esclaves, servez-nous *.

SCÈNE XIV

SOLIMAN, ROXELANE, ELMIRE, DÉLIA, OSMIN.

SOLIMAN, *à part.*

O ciel ! je vois Elmire !

Bas, à Roxelane.

J'ai cru vous trouver seule; encore Délia?

ROXELANE.

Oui, ce sont les objets que votre cœur désire :
Saluez donc.

Soliman salue.

Plus bas.

Il salue plus bas.

Fort bien : vous y voilà.

---

* Douze eunuques de l'*aas-oda* (chambre suprême) apportent trois chaises, un fauteuil, et une table toute servie à la française, et garnie de bougies. Les mets sont dans des plats de mertabani, espèce de porcelaine de la Chine plus précieuse que l'or, par l'opinion où sont les Orientaux qu'elle ne peut contenir aucun poison sans se briser. On ne sert point d'autres vaisselles sur la table du Grand Seigneur. Le kilagi-bacchi, intendant de l'échansonnerie et des offices, fait poser à terre une cuvette d'or dans laquelle est un flacon de cristal rempli de vin. Les verres sont sur la table. On descend en même temps du cintre un grand lustre orné de cristaux de différentes couleurs et d'œufs d'autruches.

A Elmire et à Délia.

Mesdames, vous voyez un aimable convive,
Un peu novice encor ; mais il se formera.

ELMIRE, à Roxelane.

Cette saillie est un peu vive.
Roxelane, songez...

SOLIMAN, bas, à Elmire.

Laissez, laissez cela.
Elle m'amuse.

ROXELANE.

Allons, placez-vous là.

A Elmire et à Délia.

Et vous, à ses côtés. Je prendrai cette chaise ;
Car je fais les honneurs.

SOLIMAN, étonné de voir une table servie à la française.

Quel est cet appareil ?
Mais je n'ai rien vu de pareil.

ROXELANE.

C'est un dîner à la française.

Soliman s'assied dans un fauteuil, Elmire à droite, Délia à gauche, et Roxelane à côté de Délia, un peu sur le devant. Tous les officiers sont rangés autour de la table. — L'écuyer tranchant s'avance pour couper les viandes avec un grand couteau qui ressemble à un sabre.

Que veut cet estafier ?

SOLIMAN.

C'est l'écuyer tranchant *.

---

* L'écuyer tranchant n'exerce son emploi que dans les cuisines. Les Turcs n'ont à table ni couteaux, ni fourchettes : on leur sert les viandes et même les fruits tout coupés en pe-

ROXELANE.

Les dames serviront ; c'est l'usage à présent :
La peine est un peu fatigante ;
Mais tout le monde y gagne : une main élégante,
De ses doigts délicats agitant les ressorts,
Découvre ces jolis trésors,
Et donne un goût exquis à ce qu'elle présente.

A Elmire, en lui présentant une volaille.

Coupez, Elmire.

SOLIMAN.

Oui, l'usage en est charmant.

A l'écuyer tranchant.

Je te suprime.

ROXELANE, à Délia.

Et vous, très agréablement
Vous verserez à boire à Sa Hautesse.

A Osmin

Donne le vin.

SOLIMAN, avec étonnement.

Du vin !

OSMIN, avec un étonnement plus marqué.

Du vin !

ROXELANE.

Du vin.
C'est la source de l'allégresse,
C'est l'âme du plaisir.

---

tits morceaux, pour être pris avec les doigts. Comme Roxelane a commandé un dîner à la française, et que les pièces sont entières, l'écuyer tranchant se présente, croyant être nécessaire. Ce n'est point manquer aux coutumes que d'introduire ici cet officier.

Osmin va prendre avec le bord de sa robe le flacon de vin, qu'il pose sur la table en détournant la vue. — A Osmin.

Pourquoi donc ce dédain?

A part. — A Osmin.

Commençons par l'esclave. Approche : pour ta peine,
De ce flacon tu vas avoir l'étrenne.

Roxelane remplit de vin un verre, et le présente à Osmin.

Tiens.

OSMIN.

Moi, goûter ce breuvage odieux !

ROXELANE, regardant Soliman.

Il me désobéit.

SOLIMAN, à Osmin.

Bois.

OSMIN.

O ciel! je frissonne !

A Soliman.

Seigneur, un musulman...

SOLIMAN.

Eh ! fais ce qu'on t'ordonne.

OSMIN, prend le verre, lève les yeux au ciel, fait une grimace de répugnance, et dit avant que de boire :

O Mahomet ! ferme les yeux.

A part, après avoir bu.

Bon, bon.

SOLIMAN.

Je ris d'Osmin.

OSMIN, tendant son verre.

Seigneur, je me résigne.

ROXELANE, à Osmin.

C'en est assez.

A Délia.

Allons, charmante Délia,
Versez à Soliman les trésors de la vigne.
Donnez son verre, Elmire.

ELMIRE, tend le verre du sultan.

— Le voilà.

Délia verse.

SOLIMAN.

Dispensez-moi...

ROXELANE.

J'entends ; vos officiers sont là.

Elle fait signe aux officiers et aux esclaves de se retirer. Tous sortent, à l'exception d'Osmin.

Éloignez-vous.

A Soliman.

J'approuve la décence.

ELMIRE.

Mais sur ce point, dit-on, vous en manquez en France,
Car devant vos valets, francs espions gagés,
Vous parlez, agissez sans aucune prudence ;
Pendant tout le repas, autour de vous rangés,
Ils s'amusent tout bas de votre extravagance.
Vos travers, vos écarts, vos propos négligés,
Établissent les droits de leur impertinence.

SOLIMAN.

N'en sent-on pas la conséquence ?
Dans le jour le plus pur il faut se faire voir ;
Et le respect que l'on imprime
Doit être un sentiment et non pas un devoir.

ROXELANE.

Seigneur, vous gagnez mon estime.
Mais on n'est pas toujours dans la sublimité :

Entre nous, croyez-moi, soyons ce que nous sommes.
Pour qui serait la volupté
Si l'on en privait les grands hommes ?
Cette imposante gravité,
Qui vous interdit la gaieté,
Éloigne cent plaisirs qu'un souverain ignore.
Ah ! malheureux qui n'a jamais goûté
Les plaisirs de l'égalité !

Elle regarde Soliman d'un air coquet et agaçant.

Et celui d'obéir, souvent plus doux encore !
Allons, c'est à votre santé.

ELMIRE, *au sultan.*

Vous nous ferez raison.

SOLIMAN.

Il faut vous satisfaire.

Il boit avec Elmire, Roxelane et Delia. Osmin saisit ce moment pour boire en cachette, à même le flacon.

ROXELANE.

Voilà le moyen de nous plaire.

A Soliman, après qu'il a bu.

N'est-il pas vrai que ce breuvage est doux ?

A Délia.

Délia, vous rêvez ! Allons, animez-vous .
Vous ne nous dites rien.

DÉLIA, *d'un air réservé.*

Moi, je n'ai rien à dire.

ROXELANE.

Eh qu'importe ? parlez toujours.
Lorsque la gaieté nous inspire,
Un rien fournit matière à cent jolis discours.

ELMIRE.

Eh mais, oui : si j'en crois ce que l'on nous raconte,
La langue, en France, est toujours prompte,

Le bon sens ennuyeux jamais ne la conduit ;
Et, comme d'un volcan, la parole élancée
Part sans attendre la pensée.
On parle toujours bien lorsque l'on fait du bruit.

ROXELANE.

Mais, oui ; dans les soupers qu'à Paris on se donne
Sur tout légèrement on discute, on raisonne ;
Et l'on n'a jamais plus d'esprit
Que quand on ne sait ce qu'on dit.
Les Français sont charmants.

SOLIMAN, *d'un air complaisant pour Roxelane.*

Et surtout les Françaises.

ROXELANE, *montrant Elmire.*

Et les Espagnoles aussi.
Convenez-en.

SOLIMAN.

Sans doute.

ROXELANE.

Allons, prenons nos aises
Que la liberté règne ici.

Montrant Elmire.

Au cher objet qui vous engage,
Sans vous gêner, parlez de votre amour.

SOLIMAN, *à part.*

Elle veut me piquer, je vais avoir mon tour...

Haut, à Elmire.

Elmire assurément mérite mon hommage.
Ses attraits...

ELMIRE.

Ah ! seigneur, c'est un faible avantage,
Rendez plutôt justice à ma sincère ardeur.

ROXELANE.

Ah ! nous allons tomber dans la langueur.
Y pensez-vous, de tenir ce langage ?
Vous le ferez redevenir sultan.
Ne nous gâtez point Soliman.

ELMIRE.

Sans contrainte, sans art, ma tendresse s'explique.

ROXELANE.

Osmin, fais plaçer la musique.

Osmin fait un signal ; tous les musiciens et musiciennes du sérail entrent, et se rangent dans le fond de la salle.

A Délia.

Pendant ce bel entretien-là,
Chantez un air, aimable Délia.

Ariette.

DÉLIA, chante au son des instruments turcs, en s'accompagnant elle-même.

Dans l'univers tout aime, tout désire ;
Du tendre amour tout peint la volupté.
Si le papillon vole avec légèreté,
Un autre papillon l'attire.
Les fleurs, en s'agitant, semblent se caresser ;
Le lierre à l'ormeau s'unit pour l'embrasser ;
Les oiseaux sont charmés de pouvoir se répondre ;
Et le doux murmure des eaux
Est causé par plusieurs ruisseaux,
Qui se cherchent pour se confondre.

ROXELANE, à Délia.

Ils sont tous occupés de leur amour transi.
Donnez cet instrument, je veux chanter aussi.

Délia lui donne la harpe ; elle prélude. Le Grand Seigneur se lève, et va s'appuyer sur le dos de la chaise de

Roxelane. — Elmire et Délia se lèvent aussi, et se parlent tout bas. Pendant ce temps les officiers enlèvent la table.

ROXELANE chante, et s'accompagne sur la harpe.

O vous que Mars rend invincible,
Voulez-vous être au rang des dieux ?
Défendez-vous, s'il est possible,
D'être esclave de deux beaux yeux.
Vous triomphez par la victoire ;
Mais tout l'éclat de votre gloire
S'anéantit devant l'amour ;
Et vous cédez à votre tour.

SOLIMAN.

De plus en plus je vous admire.

ROXELANE.

Eh, quoi ! vous m'écoutiez ?

SOLIMAN.

Avec ravissement.

OSMIN.

Ah ! seigneur, que la danse aurait sur vous d'empire !
Accordez à nos vœux ce spectacle charmant.

Soliman fait un signe de consentement et va s'asseoir sur le sofa.

Les danseuses entrent en scène.

Danses

ROXELANE, à Soliman.

Ah ! vous auriez encor plus de contentement,
Si vous voyiez danser Elmire.
Il faut varier le plaisir.

A Elmire.

Dansez.

ELMIRE, au sultan.

Si c'est votre désir...

Le sultan fait un signe de consentement.

ROXELANE, aux musiciens.

Animez-vous, flûtes, cymbales *.

SOLIMAN, à part.

Je ne puis concevoir l'intérêt qu'elle prend
A faire briller ses rivales :
Il n'est rien de plus étonnant.

Elmire danse un air vif exécuté par les musiciens turcs. Délia danse ensuite sur un air plus langoureux. Après elle Roxelane danse également.

Soliman prête surtout attention à Roxelane : il est charmé par elle ; il regarde si Elmire ne le voit point ; il prend un mouchoir de soie, qu'il porte à sa ceinture, et le donne en cachette à Roxelane.

SOLIMAN.

Je n'y tiens plus : mon cœur est dans l'ivresse.

A Roxelane, en lui donnant le mouchoir.

Acceptez...

ROXELANE, prend le mouchoir, et le présente à Délia.

Délia, recevez ce présent :
C'est sans doute à vous qu'il s'adresse :
C'est le prix de votre talent.

---

* Les cymbales ou zils, comme les Turcs les nomment, sont de petits bassins d'airain ou d'argent, qui ont huit à dix pouces de diamètre ; leur concavité est d'environ deux pouces de profondeur, et leur plat-bord en a autant ; une anse est soudée sur le côté convexe. On frappe ces cymbales l'une contre l'autre, ce qui rend un son éclatant, mais assez agréable.

SOLIMAN, à part.

Quel mépris !

DÉLIA, s'inclinant devant le sultan.

Quel bonheur !

ELMIRE, se laissant tomber sur le sofa.

J'expire.

SOLIMAN, après un moment de silence, arrache le mouchoir de la main de Délia, et le porte à Elmire.

Elmire, il est à vous : oui, je déclare, Elmire...

ELMIRE.

Ah ! je renais.

SOLIMAN, à Roxelane.

Ote-toi de mes yeux.
C'est trop souffrir ; ingrate ! tu me braves :
Qu'elle soit mise au rang des plus viles esclaves.

Roxelane est emmenée par quatre eunuques noirs. En sortant, elle regarde Soliman avec une fierté noble, qui marque la tranquillité de son âme. Délia se retire confuse. Tous les personnages qui sont sur la scène disparaissent, excepté Osmin, que Soliman retient, après avoir accompagné Elmire jusqu'à sa sortie de scène.

SCÈNE XV

SOLIMAN, OSMIN.

SOLIMAN.

Viens, Osmin : je suis furieux !

Il veut sortir ; Osmin lui fait signe qu'Elmire l'attend.

OSMIN.

Mais Elmire, seigneur...

SOLIMAN.

Il faut que je l'évite.

OSMIN.

Mais vous l'aimez ?

SOLIMAN.

Oui, je l'aime; je veux...
Oui, je l'adore... Osmin, que je suis malheureux !
Viens, suis-moi, dissipons le trouble qui m'agite.

Il sort du côté opposé à celui par lequel Elmire, est sortie.

Rideau.

ACTE TROISIÈME

SCÈNE PREMIÈRE

ELMIRE, *seule.*

Soliman ne vient point : je tremble sur mon sort.
Je ne le vois que trop, il aime Roxelane.
Je ne dois qu'au dépit l'honneur d'être sultane ;
Mais j'aurai Soliman... Soliman, ou la mort.
    L'ambition à l'amour est égale.
    Quoi ! je verrais... je verrais ma rivale
Jouir...? Je la perdrai... Dois-je la perdre, hélas !

Apercevant Soliman.

Mais d'un air inquiet il porte ici ses pas.
Il semble m'éviter, il s'arrête, il soupire.

A Soliman.

    Seigneur...

SCÈNE II

SOLIMAN, ELMIRE, OSMIN.

SOLIMAN, *voit Elmire, et se retourne du côté d'Osmin.*

Osmin !

ELMIRE, *à Soliman.*

Quel sombre accueil !

SOLIMAN, *à Elmire.*

Rassurez-vous ; vous triomphez, Elmire.
A Osmin.
Un air altier, un fier coup d'œil,
Dans le moment de sa disgrâce,
Annonçait encor son audace.
As-tu remarqué cet orgueil ?
A Elmire.
J'ai conçu des désirs qui vous ont outragée.
Elmire, pardonnez à l'erreur d'un moment.
Roxelane reçoit un juste châtiment.
Hélas ! vous êtes bien vengée !

ELMIRE.

Non, je ne le suis pas, si je n'ai votre amour.

SOLIMAN.

Ah ! vous le méritez : qu'en ce jour il éclate.
Ce cœur est à vous sans retour ;
Oui, sans retour pour une ingrate.

ELMIRE.

Pour une ingrate !

SOLIMAN.

Elle n'est plus à moi :
C'est votre esclave, et je vous l'abandonne.

ELMIRE.

Vous me l'abandonnez ?

SOLIMAN.

Oui, oui, je vous la donne ;
Et ma parole est une loi.

ELMIRE.

Je l'accepte, il suffit.

OSMIN, *à part.*

Je ne sais plus, ma foi,
Qui je dois protéger ; son caprice m'étonne.

SOLIMAN.

Mérite-t-elle aucun égard ?

ELMIRE.

Non, puisqu'elle a pu vous déplaire,
Je ne veux point sur elle abaisser un regard ;
Je ne pourrais jamais la voir qu'avec colère.
Je veux...

SOLIMAN, *l'interrompant avec une vivacité qui fait apercevoir tout l'intérêt qu'il prend encore à Roxelane.*

Que voulez-vous ?

ELMIRE.

Ordonner son départ.
Du sérail qu'elle soit bannie.

OSMIN.

Je lui vais, de grand cœur, annoncer son congé.

SOLIMAN, *à Osmin.*

Attends, attends, je serai peu vengé :
Elle n'est pas assez punie.
Va la chercher.

ELMIRE, *à Osmin.*

Arrête, Osmin.

A Soliman.

Seigneur, quel est votre dessein ?

SOLIMAN.

Il faut qu'à ses yeux je répare
Mon injustice et mes torts envers vous ;
Que devant elle je déclare
Que nous sommes unis par les nœuds les plus doux.
Témoin du bonheur de ma vie,
Qu'elle sente le prix de ce qu'elle a perdu,

Plus vivement.

De ce cœur qui l'aimait, et qui vous était dû.

Excitons chaque jour ses regrets, son envie;
Que, pour attiser son tourment,
La dévorante jalousie
Cherche dans notre flamme un nouvel aliment.

ELMIRE.

Eh! laissons Roxelane.

SOLIMAN.

Il est vrai, je m'égare.
N'y pensons plus.

Après un temps.

Qu'elle compare
Votre splendeur, et cet abaissement
Où par sa faute elle se trouve.
Redoublons nos transports, et qu'ils soient remarqués :
On est moins affecté des peines qu'on éprouve
Que des biens que l'on a manqués.

A Osmin.

Va la chercher...

Osmin veut sortir; Elmire l'arrête.

ELMIRE.

Un moment.

SOLIMAN, *d'un ton à être obéi.*

Va, te dis-je.

Osmin sort.

SCÈNE III

SOLIMAN, ELMIRE

SOLIMAN.

Qu'elle soit confondue ; Elmire, je l'exige.

ELMIRE.

Eh ! que voulez-vous exiger ?

SOLIMAN.

Vengez-vous, vengez-moi d'une esclave insolente.

ELMIRE.

Croyez-moi, cessez d'y songer.
C'est une Française imprudente,
Dont la légèreté détruit le sentiment;
Qui croit que tout est fait pour son amusement,
Qui croit que le caprice est ce qui rend aimable,
Et dont le cœur n'est point capable
D'un véritable attachement.
Je sais qu'on peut être agréable
Par une gaieté vive, un frivole enjouement;
Mais ce n'est pas assez : il faut être estimable
Pour garder le cœur d'un amant;
Et la raison rend seule respectable.

SOLIMAN.

Ah ! telle est Roxelane en sa frivolité :
Sa raison perce à travers sa gaieté.
D'un nuage léger c'est l'éclair qui s'échappe,
Et dont la lumière nous frappe.

ELMIRE.

Seigneur, c'est la défendre avec vivacité.

SOLIMAN.

Non, je ne prétends point excuser Roxelane ;
Mais qu'appréhendez-vous? N'êtes-vous pas sultane ?

ELMIRE.

L'orgueil est satisfait; mais le cœur ne l'est pas.

SOLIMAN.

Il le sera, croyez-en vos appas.

Soliman aperçoit Roxelane vêtue en vile esclave; elle s'avance à pas lents, en se couvrant le visage.

Je l'aperçois : elle est dans la tristesse,
Et sa main cache un front humilié.

A part.

N'écoutons point un reste de pitié.

SCÈNE IV

SOLIMAN, ELMIRE, ROXELANE.

SOLIMAN, à Roxelane.

Approchez, approchez; voilà votre maîtresse.

A Elmire.

Ordonnez de son sort.

ELMIRE.

Je conçois ses regrets,
Elle est assez punie en perdant vos bienfaits.

SOLIMAN.

Ah! que ce sentiment augmente ma tendresse!
Je sors d'une honteuse ivresse.

Regardant Roxelane.

Je ne sais par quel art elle m'avait surpris.
De mon égarement innocente victime,
Votre cœur gémissait; j'en connais mieux le prix.

Regardant Roxelane.

Qu'elle soit désormais l'objet de nos mépris.

A Elmire tendrement.

Rendez-moi votre amour, et pardonnez mon crime.

ELMIRE.

On n'est point criminel lorsque l'on est aimé :

D'un ton plus bas.

Je vous pardonne tout. Mais mon cœur alarmé...

SOLIMAN, baisant la main d'Elmire, mais regardant toujours Roxelane pour juger de l'état de son âme.

Il reprend sur le mien un éternel empire.

Il examine Roxelane.

J'excite ses regrets...

Roxelane, pour examiner aussi le sultan, détourne un peu la main dont elle se couvrait le visage : leurs regards se rencontrent. Roxelane rit, et Soliman marque la plus grande surprise. Ce moment doit faire situation.

Oh ciel! je la vois rire.

ROXELANE, riant à gorge déployée.

Ah! ah! ah! ah! Seigneur, vous allez vous fâcher;
Mais, malgré mon respect, je ne puis m'empêcher...

ELMIRE.

Quelle nouvelle insulte!

ROXELANE.

Ah! ah! ah!

SOLIMAN.

Quelle audace!

ROXELANE.

Ah! laissez-moi rire, de grâce.
Ah! ah! ah! ah!

SOLIMAN.

Je veux savoir pourquoi...

ROXELANE.

Il se peut qu'Elmire vous aime;
Mais vous ne l'aimez pas.

SOLIMAN.

Qui donc aimé-je?

ROXELANE.

Moi.

Je ne suis pas dupe du stratagème.

SOLIMAN.

Vous que je dois punir ! qui m'osez outrager !

ROXELANE.

Seigneur, on aime encor quand on veut se venger.
Si je vous suis indifférente,
Renvoyez-moi ; nous y gagnerons tous.
Déjà je commençais à me trouver contente.
Pourquoi me rappeler ? et quelle est votre attente ?
Espérez-vous un sort plus doux ?

SOLIMAN.

Eh bien! préférez l'infamie
A toutes les grandeurs...

ELMIRE.

Laissez ce cœur abject.

A Roxelane.

Roxelane, sortez ; vous perdez le respect.

ROXELANE.

Fort bien, c'est parler en amie ;
Et je vais éviter votre sublime aspect.

Elle veut se retirer ; Soliman l'arrête avec colère.

SOLIMAN, à Roxelane.

Demeurez ! demeurez...

A Elmire.

Eloignez-vous Elmire.
Je me retiens à peine, et n'ose devant vous
Laisser échapper mon courroux.
Je vais l'humilier...

ELMIRE.

Seigneur, je me retire ;
Mais songez que l'amour n'a que des fers honteux,
Lorsque le sentiment n'épure point ses feux.

Elle sort.

SCÈNE V

SOLIMAN, ROXELANE.

SOLIMAN, *après un temps.*

Si je cédais à mon transport,
Je rendrais ton état plus cruel que la mort;
Mais je fais grâce à ta faiblesse.
Méprise mes bienfaits, la gloire, ma tendresse;
Ton âme ne sent rien, ne connaît point son tort.
Loin de gémir dans la tristesse...

Roxelane sourit.

Ah! tu mérites bien ton sort :
Ton cœur est fait pour la bassesse.

ROXELANE, *fièrement.*

Tu te trompes, sultan : céder à son malheur
Est l'effet d'une âme commune.
Modeste au sein de la grandeur,
Tranquille et fier dans l'infortune,
C'est à ces traits qu'on connaît un grand cœur.

SOLIMAN.

Un grand cœur est fier sans audace :
Quand le sort a marqué sa place
Il cède; et lorsqu'il veut braver,
Il se rabaisse, au lieu de s'élever.

ROXELANE.

Moi, je ne brave rien; ce n'est pas mon système :
Mais dans les fers, ou sous le diadème,
On ne me verra point changer.
Aussi gaie, aussi franche, enfin toujours la même,

Je sais jouir de tout sans craindre le danger :
Mon bonheur n'est jamais dans ce qui m'environne ;
Il est en moi : rien ne m'étonne.
Tenez... Je ris toujours. Eh! pourquoi s'affliger?

Gaiement.

Le monde est une comédie :
Malgré l'intérêt que j'y prends,
Je m'en amuse, et j'étudie
Les ridicules différents.
Vos grandeurs sont des mascarades;
Jeux d'enfants que tous vos projets :
Lorsque la toile tombe, empereurs et sujets,
Tous sont égaux et camarades.

SOLIMAN.

Achevez, achevez, épuisez les bontés
D'un maître que vous irritez.

ROXELANE, d'un ton plus grave.

Oui, vous êtes mon maître, à vous on m'a vendue :
Mais vous a-t-on donné quelque droit sur mon cœur?
Et de mon gré me suis-je enfin rendue?
Essayez de me vaincre, employez la rigueur :
Qui ne craint rien n'est point dans l'esclavage.

SOLIMAN.

Ah! Roxelane, quelle image!
Me croyez-vous un barbare, un tyran?
Ah! connaissez mieux Soliman :
Il n'abusera point de son pouvoir suprême
Pour obtenir un cœur à ses vœux refusé;
Allez, ne craignez rien d'un amour méprisé
Je vous abandonne à vous-même.

ROXELANE.

Que vous dites cela d'un petit air aisé!

5

En minaudant.

Venez, venez, on vous pardonne.
En vérité, je suis trop bonne.

SOLIMAN.

Qu'espérez-vous ?

ROXELANE.

Vous remettre l'esprit;
Vous guérir de votre faiblesse.
Vos fureurs, vos dédains, sont l'effet d'un dépit
Qui prouve encor votre tendresse;

Avec sentiment.

Vous avez le cœur bon, et cela m'intéresse.

SOLIMAN, *à part.*

Je voulais la confondre, et je reste interdit.
De mes transports elle se rend maîtresse.

A Roxelane, avec un peu d'émotion.

Il est vrai, je vous chérissais ;
Mais à présent...

ROXELANE, *tendrement.*

A présent on m'abhorre.

SOLIMAN.

Oui, je t'aimais, ingrate. O dieux! je t'aime encore.
Je t'aime encore, et je te hais.
Ces mouvements opposés, que j'ignore...
Mais elle s'attendrit...

ROXELANE.

Je pleure de pitié.
Vous me touchez, et je vois avec peine
Un superbe empereur qui s'est humilié ;
Qui d'une esclave a fait sa souveraine,
Sans pouvoir à son sort être jamais lié.

SOLIMAN.

Eh! qui m'en empêche?

ROXELANE, avec sentiment.

Moi-même.
Vous méritez que l'on vous aime;
Mais je vous plains d'être sultan.
A vous parler sans flatterie,
J'eus des amants, dans ma patrie,
Qui ne valaient pas Soliman.

SOLIMAN.

Et vous avez aimé?

ROXELANE.

Pourquoi non, je vous prie?
Croyez-vous que, vive, jolie,
Et dans l'âge de plaire, on a jusqu'à présent
Gardé son cœur, ce fardeau si pesant,
Pour qui? Pour le Grand Turc? Mais quelle extravagance!
Je devais prendre patience;
Je devais vous attendre...

En riant.

Ah! vous êtes plaisant.

SOLIMAN.

Quoi! vous avez aimé! Ciel! j'en aurai vengeance.
Ah! périssent les imposteurs
Qui m'ont trompé, trahi...

ROXELANE.

Pourquoi donc ces fureurs?
Écoutez, écoutez; ayez la complaisance
D'entendre un peu ma confidence.

SOLIMAN.

Sortez.

ROXELANE.

Vous me rappellerez ;
Car je vois que vous m'adorez.
Ce badinage qui vous pique
Me met au fait.

Elle fait deux pas pour se retirer.

SOLIMAN, à part.

Elle est unique.

A Roxelane.

Restez.

ROXELANE, revenant.

J'avais bien dit. Venez, allez-vous-en,
Restez. En vérité, mon aimable sultan,
Vous avez la tête tournée.
De ces misères-là je suis fort étonnée :
Où donc est le grand Soliman,
Qui fait trembler l'Europe, et l'Afrique, et l'Asie ?
Une petite fantaisie
Trouble l'esprit d'un monarque ottoman.

D'un ton ferme, et avec noblesse.

A quoi s'occupe ici le plus brave des princes ?
L'Arabe révolté menace les provinces ;
Cours le punir, laisse gémir l'amour :
Donne-lui, si tu veux, des soins à ton retour.

SOLIMAN, à part.

De quelle éclat frappe-t-elle mon âme !
Est-ce un génie, est-une une femme
Qui me présente le miroir ?

A Roxelane.

Quel être êtes-vous donc ?.. Quel être inconcevable ?..
Tout à la fois frivole et respectable,
Vous séduisez mon cœur, et tracez mon devoir.

ROXELANE, *affectueusement.*

Je ne suis rien que votre amie.

SOLIMAN.

Ah ! soyez-la toujours, soyez-la, je vous prie.
Jusqu'à présent on m'a flatté :
Il n'appartient qu'à vous de me faire connaître
Et l'amour et la vérité.
Mais que je sois heureux autant que je dois l'être ;
Que votre cœur...

ROXELANE.

Ah ! je vous vois venir.
Eh bien ! mon cœur ?

SOLIMAN.

Pourrai-je l'obtenir ?
La haine que pour moi vous avez fait paraître...

ROXELANE.

Mais ce n'est pas vous que je hais :
C'est l'abus de votre puissance,
Qui nous tient dans la dépendance ;
Ce sont ces gardiens si révoltants, si laids,
Supplices des yeux et des âmes.

SOLIMAN.

Vous savez que j'ai cinq cents femmes
Qu'ils doivent gouverner.

ROXELANE.

Cinq cents !
Mais, entre nous, cinq cents !... cela m'étonne.

SOLIMAN.

Ici c'est un usage établi de tout temps ;
Ce sont nos lois, c'est un faste du trône,
Qui sert moins au bonheur qu'à l'orgueil des sultans.

ROXELANE.

Voilà des lois bien généreuses,
Et cinq cents femmes bien heureuses!
Vous prétendez peut-être encor
Que de Votre Hautesse elles soient amoureuses ?
Car vous êtes tout leur trésor.

SOLIMAN.

On les voit à l'envi s'empresser à me plaire.

ROXELANE.

Vraiment, quand on est seul on devient nécessaire.
Oubliez votre autorité,
Obtenez un cœur de lui-même;
Vous serez sûr alors que l'on vous aime
Si vous surmontiez ma fierté,
Vous croiriez qu'en cédant à l'ardeur la plus pure
J'aimerais par orgueil ou par timidité;
Je dois m'épargner cette injure.
L'amour devient suspect, s'il n'a sa liberté.

SOLIMAN.

Oui, je sens que l'amour veut un juste équilibre.
Roxelane, vous êtes libre.
De mon bonheur décidez à l'instant.

ROXELANE.

Seigneur, ma maîtresse m'attend.

SOLIMAN.

Qui donc ?

ROXELANE.

Elmire.

SOLIMAN.

Ah! soyez son égale.

ROXELANE.

Vous m'avez soumise à sa loi.

SOLIMAN.

Entre elle et vous il n'est plus d'intervalle :
Vous êtes libre, et je prends tout sur moi.

ROXELANE, du ton de la reconnaissance et du sentiment le plus tendre.

Seigneur, tant de bonté me touche :
Jamais mon cœur ne suffira...
Souffrez que je m'éloigne... Osmin vous apprendra
Ce que n'ose dire ma bouche.

Elle sort.

SCÈNE VI

SOLIMAN, OSMIN.

SOLIMAN, appelle Osmin.

Osmin !

A part.

Enfin, ce cœur farouche
De quelque espoir flatte mes vœux.

A Osmin.

Enfin, mon cher Osmin, tu me verras heureux.

OSMIN.

Oui, seigneur, la sultane Elmire...

SOLIMAN.

Roxelane a sa liberté :
Je l'aime, j'obtiendrai le bien que je désire.
Conçois-tu ma félicité ?
Cet amour pur, né de l'égalité,
Que réciproquement l'un à l'autre on s'inspire,
Ce bien que j'ignorais, te l'imagines-tu ?

OSMIN, *en soupirant.*

Non, seigneur.

SOLIMAN.

Ne crois pas que ce soit le caprice
Qui m'entraîne vers elle : Osmin, c'est la justice,
C'est la raison, c'est la vertu.
N'examinons plus rien; je l'aime.
Avant de la connaître, une sombre langueur
Au milieu des plaisirs engourdissait mon cœur;
Je jouissais de tout, sans jouir de moi-même.
Que dis-je? rien ne pouvait me charmer.
L'indifférence est le sommeil de l'âme :
Un feu triste et couvert cherchait à s'animer;
Roxelane paraît, elle y donne la flamme :
Je lui dois le bonheur d'aimer.

OSMIN.

Pauvre Elmire!

SOLIMAN.

Elle aura toujours même avantage :
Nos lois admettent le partage.
Roxelane t'attend : c'est pour te confirmer
Un doux aveu qui de mon sort décide;
Un aveu que j'ai lu dans son regard timide,
Et que sa bouche a craint de m'exprimer.
Va, cours; de mon bonheur tu viendras m'informer.

SCÈNE VII

SOLIMAN, UN MUET, qui présente à genoux une lettre de la part d'Elmire.

SOLIMAN.

Qu'est-ce ? C'est de la part de la sultane Elmire.
Lisons ; que peut-elle m'écrire ?
Je sens qu'elle doit s'alarmer.

Il lit.

« Sultan, ta parole est sacrée;
« Roxelane est à moi, je puis en disposer ;
« Je venge ton pouvoir, qu'on ose mépriser :
« Une saïque * préparée,
« Pour jamais, à l'instant éloigne de ces lieux
« L'esclave que tu m'as livrée.
« Tu ne reverras plus cet objet odieux,
« Et je t'épargne ses adieux. »

Après avoir lu, il frappe des mains : à ce signal, les noirs, les muets et les bostangis paraissent, reçoivent ses ordres, et courent les exécuter.

Noirs, muets, bostangis, il y va de la tête :
Qu'on cherche Roxelane; allez, et qu'on l'arrête.
Je ne la verrai plus ! Ah ! quelle trahison !
Je suis juste, Elmire a raison ;
J'ai donné Roxelane... Ah ! trop barbare Elmire,
S'il faut vous payer sa rançon,
Prenez tous mes trésors et tous ceux de l'empire :
Mais j'exige sa liberté.

Au muet qui lui a apporté la lettre d'Elmire.

Annonce-lui ma volonté.

* Navire turc.

SCÈNE VIII

SOLIMAN, OSMIN.

SOLIMAN, à Osmin.

Osmin, je t'attendais avec impatience :
Viens-tu rendre le calme à mon cœur agité ?
Te suit-elle ?

OSMIN.

Seigneur, elle m'a protesté
Que le respect, l'estime et la reconnaissance...

SOLIMAN.

Ah ! c'est trop peu... trop peu...

OSMIN.

Donnez-vous patience :
J'ai vu couler ses pleurs, et j'en suis pénétré.
Elle vous aime.

SOLIMAN.

O flatteuse espérance !

OSMIN.

Elle s'embarque pour la France.

SOLIMAN.

Elle s'embarque !... Ciel ! je suis désespéré.
Courons.

OSMIN.

Rassurez-vous, seigneur ; on vous l'amène.

SCÈNE IX

SOLIMAN, ROXELANE.

SOLIMAN.

Roxelane, venez ; vous me tirez de peine.
Elmire osait...

ROXELANE.

Seigneur, ne la condamnez point.
Il est tout naturel que votre favorite
Cherche à se conserver un rang qu'elle mérite ;
Nous étions d'accord sur ce point :
Je la priais avec instance
De me sauver, de hâter mon départ,
De ne souffrir aucun retard.
C'est ma faute.

SOLIMAN.

Et voilà quelle est ma récompense !...

ROXELANE.

De quoi vous plaignez-vous ? Ai-je ma liberté ?
S'il ne faut pas que j'en jouisse...

SOLIMAN.

Cependant, je m'étais flatté...

ROXELANE.

J'entends ; vous exigez le prix de ce service.
C'est pour son intérêt que l'on est généreux.
Voilà les hommes.

SOLIMAN.

Mais le sort le plus heureux,
Les honneurs du sérail...

ROXELANE.

Moi, que je m'avilisse

Jusqu'à les recevoir! ils ne sont pas pour moi.
Quel titre aurais-je ici pour y donner loi ?

SOLIMAN.

Ainsi, mon amour, ma puissance,
N'ont rien qui soit digne de vous.

ROXELANE, avec trouble, embarras, et tendresse.

Non... laissez-moi vous fuir... Peut-être que l'absence...
Nous pourrons, vous et moi, jouir d'un sort plus doux.
Je vous crains, je me crains moi-même.

SOLIMAN.

Je ne vous comprends pas.

ROXELANE, à part.

Mon cœur est oppressé.

SOLIMAN.

Achevez...

ROXELANE.

Eh bien ! quoi ? quelle rigueur extrême !
Quand vous saurez que l'on vous aime,
En serez-vous plus avancé ?

SOLIMAN.

Quoi ! vous m'aimez ?

ROXELANE.

Laissez-moi.

SOLIMAN.

Roxelane,
Vous m'aimez ?

ROXELANE.

Oui, mais n'en espérez rien.
Maîtresse d'un penchant que ma fierté condamne,
Allez, j'y remédierai bien.

SOLIMAN.

M'aimer, me fuir ; mais quelle inconséquence !

ROXELANE.

L'amour aime la liberté :
Il veut encor l'égalité ;
Votre pouvoir emporte la balance.
Mon très auguste souverain
Me prendrait aujourd'hui pour me quitter demain
Oh ! je dois m'assurer contre son inconstance ;
Il ne m'obtiendra point sans être mon époux.

SOLIMAN.

Quoi ! Roxelane, y pensez-vous ?

ROXELANE.

Si mon amant n'avait qu'une chaumière,
Je voudrais partager sa chaumière avec lui :
Je soulagerais sa misère ;
Je le consolerais, je serais son appui ;
L'offre même d'une couronne
Ne me ferait jamais changer de sentiment.
Mais mon amant possède un trône :
Si je ne le partage, il n'est pas mon amant.

SOLIMAN.

Vous me jetez dans un étonnement !...

ROXELANE.

Je n'ai point l'orgueil téméraire
De vous prescrire aucune loi :
Vos grandeurs ne sont rien ; mais ma gloire m'est chère.
Vous aimer en esclave est un affront pour moi.
Si vous ne me trouvez pas digne
De régner sur vos Turcs, j'en ai peu de souci :
Je ne désire point cette faveur insigne.
Dans mon pays je serai mieux qu'ici :

Toute femme jolie, en France, est souveraine.
De grâce, laissez-moi partir.
Je l'avouerai, je vous quitte avec peine;
Mais il le faut : adieu.

SOLIMAN.

Pourrais-je y consentir ?
S'il dépendait de moi, Roxelane, je jure...

ROXELANE.

C'est une mauvaise raison.

SOLIMAN.

Peut-être avec le temps...

ROXELANE.

Non, non.
De mon sort je veux être sûre :
Que je sois votre épouse, ou bien vous me perdez ;
J'ai pris mon parti. Décidez.

SOLIMAN.

Mais un sultan...

ROXELANE.

Peut tout.

SOLIMAN.

Mais nos lois...

ROXELANE.

Je m'en moque

SOLIMAN.

Le mufti, le vizir, l'aga...

ROXELANE.

Qu'on les révoque

SOLIMAN.

Mon peuple...

ROXELANE.

A-t-il le droit de gêner votre cœur ?

Vous le rendez heureux ; il vous défend de l'être !
Est-ce à lui de borner les désirs de son maître,
De lui marquer le degré du bonheur ?
Épouse d'un sultan, une femme estimable,
Qui fait asseoir la tendre humanité
A côté de la majesté,
Qui tend à l'infortune une main secourable,
Adoucit la rigueur des lois,
Protège l'innocence, et lui prête sa voix,
Aux yeux de ses sujets le rend-elle coupable ?
Sans cesse, avec activité,
Elle étudie, elle remarque
Ce qui nuit, ce qui sert à votre autorité ;
Vous présente la vérité,
Le premier besoin d'un monarque :
En la montrant dans tout son jour,
Elle sait l'embellir des roses de l'amour.
Eh ! quel autre aurait le courage
D'en offrir seulement l'image ?
Est-ce un courtisan toujours faux,
Qui ne trouve son avantage
Qu'à vous tromper, qu'à flatter vos défauts ?
Une compagne qui vous aime,
A vous rendre parfait fait consister le sien.
Les vertus d'un époux deviennent notre bien,
Et sa gloire est la nôtre même.

SOLIMAN.

Que le sérail se rassemble à ma voix.
C'en est assez, ma crainte cesse,
Et mon amour n'est plus une faiblesse :
Vous êtes digne de mon choix.

SCÈNE X

SOLIMAN, ROXELANE, OSMIN, esclaves du sérail de l'un et de l'autre sexe, avec les officiers.

OSMIN.

Seigneur, eh vite! eh vite!

SOLIMAN.

Qu'est-ce donc?

OSMIN.

La sultane, en proie à ses chagrins...

SOLIMAN.

Eh bien?

OSMIN.

A l'instant prend la fuite.

Elle part.

SOLIMAN.

Elle part?...

OSMIN.

Oui, seigneur.

SOLIMAN.

Je la plains.

Ali-Mahmout, accompagnez Elmire,
Et comblez-la de mes bienfaits.

A Osmin.

Toi, dont la voix annonce mes décrets,
Fais assembler les ordres de l'empire.
Informe les vizirs, déclare à mes sujets,
Que j'associe une épouse à mon trône;
Qu'en se jour Roxelane, en comblant mes souhaits,

Va recevoir ma main et ma couronne.
S'ils osaient murmurer, dis-leur que je le veux.

A Roxelane.

Ils vivront sous vos lois, ils seront trop heureux.
Vous m'enseignez la douceur, la clémence ;
Et d'une équitable puissance
Ce n'est que d'aujourd'hui que je suis revêtu.
D'un souverain le règne ne commence
Que du moment qu'il connaît la vertu.

ROXELANE.

Sultan, j'ai pénétré ton âme;
J'en ai démêlé les ressorts.
Elle est grande, elle est fière, et la gloire l'enflamme
Tant de vertus excitent mes transports.
A ton tour, tu vas me connaître :
Je t'aime, Soliman ; mais tu l'as mérité.
Reprends tes droits, reprends ma liberté ;
Sois mon sultan, mon héros, et mon maître.
Tu me soupçonnerais d'injuste vanité.
Va, ne fais rien que ta loi n'autorise :
Il est des préjugés qu'on ne doit point trahir ;
Et je veux un amant qui n'ait point à rougir :
Tu vois dans Roxelane une esclave soumise.

SOLIMAN.

Par de tels sentiments le trône vous est dû.

Aux officiers et aux femmes du sérail.

O vous ! d'un si doux hyménée
Célébrez l'heureuse journée.

ROXELANE.

S'il m'est permis d'user du pouvoir absolu,
Pour la rendre plus signalée,
Aux femmes du sérail je donne la volée.

SOLIMAN, en lui présentant la main.

J'y consens.

OSMIN.

Me voilà cassé.
Ah! qui jamais aurait pu dire.
Que ce petit nez retroussé
Changerait les lois d'un empire?...

Rideau.

FIN

Imprimerie Générale de Châtillon-sur-Seine. — A. Pichat.

EXTRAIT DU CATALOGUE

DE LA

LIBRAIRIE P.-V. STOCK

A PROPOS

A Corneille, poésie de Lucien Paté (Comédie-Française) 0 50

L'âme des héros, pièce en 1 acte en vers par MM. P. Bilhaud et M. Carré (Comédie-Française). . . 1 50

A Pierre Corneille, poésie de Lefebvre-Henri (Comédie-Française). 0 50

A Racine, poésie de Grangeneuve (Comédie-Française) 0 50

Bonne Année, compliment en vers de Émile Moreau (Gymnase). 1 »

Le Compliment de Figaro (Beaumarchais), poésie de Georges Jubin (Odéon). 0 50

Corneille et Lulli, 1 acte en vers de Henry Jouin (Odéon) . . . . 1 »

Corneille et Richelieu, 1 acte en vers de Émile Moreau (Comédie-Française) . . . . 1 »

Deux Amis, 1 acte en vers de Tancrède Martel (Corneille) (Comédie-Française) . . . . 1 »

Diogène et Scapin, 1 acte en vers de Eugène Adonis (Molière) (Comédie-Française). . . . . 1 »

Esther à Saint-Cyr, 1 acte en vers de Jules de Marthold (Racine) (Odéon). . . . . 1 »

Le grand Corneille chez Molière, 1 acte en vers de François Dellevaux. . . . . 2 »

Hommage à Halévy, intermède lyrique de Édouard Blau (Opéra) 0 50

Louis XIV et Molière, 1 acte en vers de Georges Berry 0 50

Maître et Valets, 1 acte en vers de Bertol-Graivil (Molière) (Comédie-Française) . . . . 1 »

Molière, poésie de Georges Bertal (Comédie-Française) 0 50

Le Neveu de Beaumarchais, 1 acte en vers de Henry Jouin (Odéon) . . . . 1 »

Parthénice, 1 acte en vers de Émile Moreau (Racine) (Comédie-Française) . . . . 1 »

La Phèdre de Pradon, 1 acte en vers de J. Truffier (Racine) (Comédie-Française) . . . . 1 »

Placet au Roi, 1 acte en vers de François Fabié (Molière) (Odéon) 1 50

Pour Corneille, poésie de François Fabié (Comédie-Française) 0 50

La « Première » du Mariage de Figaro, poésie de Émile Moreau (Beaumarchais) (Odéon) 0 50

Les Procès de Racine, 1 acte en vers de Pierre Giffard (Odéon) . . . . 1 »

Racine à Chevreuse, 1 acte en vers de George Bois (Odéon) . . . . 1 »

Racine à Port-Royal, 1 acte en vers de Lucien Augé de Lassus (Comédie-Française) . . . . 1 »

La Revanche de Thomas Diafoirus, poésie de Lefebvre-Henri (Molière) Comédie-Française) 0 50

Toinette à Molière, poésie de Robert de Souza (Comédie-Française) 0 50

Un tour de Ninon, comédie en 1 acte en vers par M. Georges Docquois (Comédie-Française) . . 1 »

La Vieillesse de Corneille, poésie d'Albert Delpit (Comédie-Française) 0 50

Vieux Camarades, 1 acte en vers d'Albert Lambert (Molière) (Comédie-Française) . . . . 1 »

www.ingramcontent.com/pod-product-compliance
Lightning Source LLC
Chambersburg PA
CBHW060641100426
42744CB00008B/1714

9782012779464